Shadrack Gikonyo

Desafios enfrentados pela implementação das estratégias de financiamento da saúde no Quénia

Shadrack Gikonyo

Desafios enfrentados pela implementação das estratégias de financiamento da saúde no Quénia

ScienciaScripts

Imprint

Cover image: www.ingimage.com

This book is a translation from the original published under ISBN 978-3-659-88998-1.

Publisher:
Sciencia Scripts
is a trademark of
Dodo Books Indian Ocean Ltd. and OmniScriptum S.R.L publishing group

120 High Road, East Finchley, London, N2 9ED, United Kingdom
Str. Armeneasca 28/1, office 1, Chisinau MD-2012, Republic of Moldova, Europe
Managing Directors: Ieva Konstantinova, Victoria Ursu
info@omniscriptum.com

Printed at: see last page
ISBN: 978-620-8-54256-6

DEDICADOR

Gostaria de dedicar este trabalho à minha filha Nicole Wanjiku.

AGRADECIMENTOS

Gostaria de agradecer a todos aqueles que tornaram este trabalho possível. Gostaria de agradecer ao Chefe da Divisão de Financiamento dos Cuidados de Saúde no Ministério dos Serviços Médicos, Sr. Sam Munga. Gostaria também de agradecer aos diretores dos hospitais de nível V por terem tirado tempo das suas agendas ocupadas para me fornecerem informações essenciais para a conclusão deste trabalho. Finalmente, gostaria de agradecer ao meu supervisor, Dr. Z. B. Awino, pelo seu apoio e conselhos, que estiveram sempre disponíveis para me orientar ao longo do projeto.

ÍNDICE DE CONTEÚDOS

RESUMO

O objetivo do estudo era determinar os desafios encontrados na implementação de estratégias de financiamento dos cuidados de saúde públicos no Quénia. O objetivo do estudo era determinar os desafios enfrentados na implementação de estratégias de financiamento dos cuidados de saúde públicos no Quénia. O estudo adoptou uma conceção de investigação de estudo de caso no âmbito do Ministério dos Serviços Médicos. Este foi o método mais adequado, uma vez que permitiu a análise de estratégias já em vigor e as unidades estudadas também puderam fornecer mais informações. O objetivo do estudo era recolher informações dos inquiridos sobre os seus pontos de vista e opiniões sobre os desafios enfrentados na implementação de estratégias de financiamento dos cuidados de saúde no Quénia. Os dados primários foram recolhidos utilizando um guião de entrevista. Os dados foram analisados utilizando a análise de conteúdo para determinar os desafios enfrentados na implementação das estratégias de financiamento dos cuidados de saúde públicos no Quénia. O estudo revelou que o sistema e os procedimentos organizacionais, a cultura e as tradições, a tecnologia, a liderança, os recursos humanos e o financiamento foram os principais desafios encontrados na aplicação das estratégias de financiamento dos cuidados de saúde públicos no Quénia. O quadro jurídico não constitui um obstáculo importante à aplicação das estratégias de financiamento dos cuidados de saúde públicos no Quénia. O estudo concluiu que o Ministério adoptou medidas para controlar os principais desafios à implementação de estratégias de financiamento dos cuidados de saúde públicos no Quénia, nomeadamente os desafios em matéria de recursos humanos (contratação de mais pessoas numa base ocasional ou permanente e reforço das capacidades através de formação), os desafios em matéria de liderança (o Ministério trabalhou com doadores para formar membros da Equipa de Gestão Hospitalar (HMT) e também organizou formação a nível nacional para gestores sobre competências de liderança), sistemas e procedimentos organizacionais (formação de diretores de hospitais, criação de sistemas apropriados e utilização de comités no processo de tomada de decisões) e cultura e tradições (o Ministério organizou reuniões de formação centradas no serviço ao cliente, introduziu uma carta de serviços, empregou pessoas com as competências certas, iniciou a transferência de pessoal de um posto para outro e introduziu subvenções e o HMSF).

CAPÍTULO UM
INTRODUÇÃO

1.1 Antecedentes do estudo

De acordo com a Organização Mundial de Saúde, um bom sistema de financiamento dos cuidados de saúde é aquele que mobiliza fundos suficientes para a saúde de forma a garantir que as pessoas possam utilizar os serviços de que necessitam e sejam protegidas das potenciais catástrofes ou empobrecimento associados ao facto de terem de os pagar. Numa publicação da OMS de 2007 intitulada "*Everybody's business: strengthening health systems to improve health outcomes*", os sistemas de financiamento dos cuidados de saúde devem alcançar uma cobertura universal de forma a incentivar a prestação e a utilização de uma combinação eficaz e eficiente de serviços pessoais e não pessoais.

O Quadro de Ação da Organização Mundial de Saúde (2007) definiu os seis componentes de um bom sistema de saúde e os resultados esperados se estes componentes estiverem em vigor. Podem ser desenvolvidas diferentes formas de financiar os cuidados de saúde no país, consoante a situação e as prioridades do país.

1.1.1 Implementação da estratégia e desafios

A implementação de uma estratégia pode enfrentar uma série de desafios. Manyarkiy (2006) citou alguns desses desafios no seu projeto sobre os desafios enfrentados pelos gestores intermédios na implementação de estratégias empresariais no Fundo Nacional de Segurança Social, entre os quais a falta de coordenação. O autor argumenta que, quando a coordenação e a comunicação entre a direção e os gestores intermédios, que normalmente estão mais envolvidos no processo de implementação, são deficientes, a implementação da estratégia é suscetível de falhar.

Manyarkiy também refere a falta de competências dos trabalhadores como um grande obstáculo à implementação de estratégias. A implementação de uma estratégia precisa de envolver pessoas em diferentes níveis do processo. A sua adesão aumentará consideravelmente as hipóteses de sucesso de uma estratégia.

A disponibilidade de recursos é um fator crítico para o êxito da aplicação de uma estratégia. Embora a formulação de uma estratégia possa não ser um processo dispendioso, uma implementação bem sucedida requer formação adequada, monitorização coordenada e acções corretivas atempadas. Muitas organizações não conseguem implementar planos estratégicos porque não associam a implementação a um orçamento.

Segundo Malusi (2006) no seu trabalho sobre o desenvolvimento de estratégias e os seus desafios nas empresas públicas quenianas, um estudo de caso do National Hospital Insurance Fund, a resistência à mudança é uma fonte de fracasso no desenvolvimento e na implementação de um plano estratégico. O estudo cita a resistência à mudança como uma fonte de fracasso no desenvolvimento e na implementação de um plano estratégico. Vários factores podem levar à resistência à mudança. Por exemplo, o medo de perder o emprego, a proteção de grupos informais que protegem interesses adquiridos. Para além disso, as pessoas têm um medo inerente do desconhecido. Observa também que a política organizacional e uma cultura organizacional deficiente podem levar ao fracasso do processo de formulação e implementação da estratégia. Embora a formulação da estratégia possa não ser tão complexa, pode ser difícil mudar a forma como os trabalhadores têm tradicionalmente efectuado o seu trabalho. A implementação da estratégia deve, por conseguinte, não só ser inclusiva, mas também ser um processo que tranquilize o pessoal, a fim de obter o seu apoio.

Ao implementar uma estratégia, os gestores podem ficar frustrados com procedimentos pesados e burocráticos. Este facto não só pode atrasar o processo de implementação, como também pode levar a uma perda de motivação por parte dos gestores e, consequentemente, ao fracasso do processo. Os procedimentos de uma organização estão intimamente ligados à sua estrutura organizacional. Uma organização com uma estrutura plana pode ter mais facilidade em implementar uma estratégia do que uma organização com um longo processo de apresentação de relatórios. A ausência de uma liderança adequada é uma das principais causas de fracasso na implementação de um plano estratégico. Uma definição simples de liderança é: a liderança é a arte de motivar um grupo de pessoas a agir em prol de um objetivo comum. Um líder tem uma combinação de personalidade e competências que inspiram os outros a seguir o seu exemplo. Se a liderança for fraca, a implementação de uma estratégia é suscetível de falhar.

A falta de competências, capacidades e conhecimentos dos trabalhadores foi também citada por Manyarkiy como um obstáculo à implementação da estratégia. Sempre que uma organização pretenda implementar novos processos ou tecnologias, deve esforçar-se por incutir nos seus trabalhadores as competências necessárias para o seu desempenho. Uma organização deve também investir num sistema estruturado de monitorização e avaliação para garantir que o seu plano estratégico é efetivamente implementado. Embora a introdução da monitorização e avaliação seja geralmente vista como um meio de controlar os trabalhadores e não o sistema, nesta fase a organização deve informar os trabalhadores de que o objetivo do processo de monitorização e avaliação será verificar o que não está a funcionar eficazmente e tomar medidas corretivas. Os trabalhadores devem, de facto, ser motivados a comunicar tudo o que considerem redundante ou ineficaz.

Manyarkiy acrescenta que uma imagem negativa da empresa pode ser um obstáculo à implementação de um plano estratégico. As empresas são sistemas abertos, recebem inputs do ambiente, passam-nos através de processos e o seu output destina-se aos consumidores dos seus serviços ou bens. A perceção que o público tem da empresa afecta grandemente a implementação do plano estratégico da organização, tanto em termos de ritmo como de eficácia. Para que uma organização implemente com sucesso um plano estratégico, é necessário que haja um forte empenhamento da gestão de topo e um apoio rápido e adequado aos responsáveis pela implementação do plano, sempre que necessário. Em muitos casos, estas condições não estão reunidas, o que compromete a implementação dos planos estratégicos.

Nalguns casos, é importante identificar o pessoal que apoia fortemente o processo de implementação e deixá-lo liderar a implementação. Isto deverá ajudar a dar ao pessoal um sentimento de apropriação. Também devem ser oferecidos incentivos aos funcionários com melhor desempenho para os motivar. O pessoal pode olhar para o plano estratégico e perguntar "o que é que eu ganho com isso? Os quadros superiores devem, por conseguinte, demonstrar o impacto do plano no pessoal, para que a sua aplicação seja bem sucedida. Por vezes, um plano estratégico é implementado sem um calendário. Isto torna difícil o controlo e a avaliação. Por conseguinte, as organizações devem associar um plano estratégico a objectivos claros, ambiciosos mas exequíveis.

prazos.

Por último, a incompatibilidade do plano estratégico com os sistemas ou recursos da organização é uma das causas mais frequentes de dificuldades na implementação de um plano estratégico. Uma organização pode recorrer aos serviços de um perito para elaborar um plano estratégico. O perito pode não ter um conhecimento profundo dos sistemas e capacidades da organização, o que pode dificultar o processo de implementação. Este facto pode dificultar o processo de implementação.

1.1.2. Financiamento público dos cuidados de saúde no Quénia

O financiamento dos cuidados de saúde implica a angariação de fundos, a sua partilha e a aquisição de serviços. De acordo com a Organização Mundial de

Saúde, um bom financiamento dos cuidados de saúde é um dos seis pilares de um sistema de saúde.

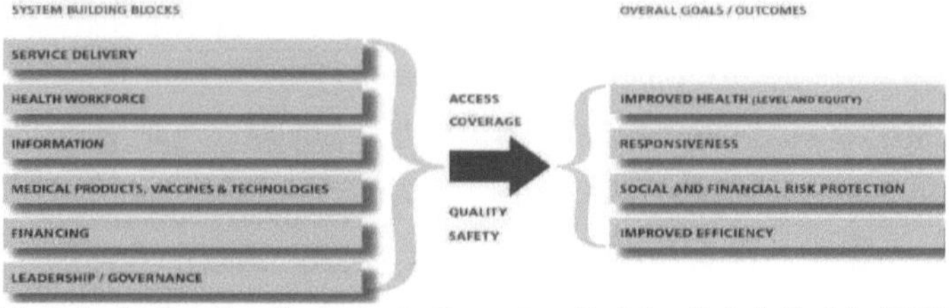

Adotado do Quadro de Ação da Organização Mundial de Saúde (2007)

Um sistema de saúde sustentável é um objetivo fundamental de qualquer governo e todos os governos se esforçam por prestar estes serviços à população. No entanto, este objetivo é, na maioria das vezes, frustrado pelo elevado custo dos cuidados de saúde. Os governos esforçam-se por assegurar que o elevado custo dos cuidados de saúde universais não comprometa a prestação de outros serviços à população, ou mesmo paralise a economia. Em muitos países do terceiro mundo, por exemplo, a procura de serviços de saúde está a aumentar devido ao crescimento da população e a um aumento do número de mortes por doenças curáveis.

Ao aceitar os instrumentos de poder do governo colonial em 1963, o primeiro Presidente da República do Quénia declarou que a doença era um dos maiores inimigos da nação recém-independente. O Presidente prometeu que o seu novo governo estava empenhado em erradicar este inimigo. Embora muito tenha sido feito para atingir este objetivo, hoje, 46 anos após a independência, o Quénia está longe de ter um sistema de saúde sustentável.

O primeiro passo do Quénia no sentido de aumentar os recursos para financiar os cuidados de saúde foi dado em 1966, quando o governo queniano criou o Fundo Nacional de Seguro Hospitalar (NHIF). O NHIF é financiado pelas contribuições pagas pelos trabalhadores do sector formal que ganham pelo menos 1 000 xelins por mês. Uma tentativa de o alargar ao sector informal através de múltiplas abordagens de marketing, incluindo o movimento cooperativo e os artesãos de Jua Kali, não foi bem sucedida. A lei de 1966 foi subsequentemente substituída pela lei NHIF de 1998. Esta lei prevê o alargamento do pacote de cuidados de saúde de modo a incluir despesas ambulatórias, honorários médicos e análises laboratoriais, bem como o alargamento do seguro de saúde aos centros de saúde e a outras instalações de nível inferior, o que melhorou o acesso aos serviços de saúde e elevou o seu nível, embora, na prática, o regime ainda se limite a cobrir os cuidados hospitalares.

Os cuidados de saúde foram gratuitos nos estabelecimentos de saúde públicos desde a independência até 1989, altura em que o Governo introduziu taxas de utilização no sector da saúde pública no âmbito do programa de ajustamento estrutural, devido à crescente procura de cuidados de saúde e ao aumento dos custos da prestação de cuidados de saúde. Quando o programa de partilha de custos foi criado, reconheceu-se que a imposição de taxas de utilização tornaria os serviços de saúde inacessíveis aos mais pobres. Por conseguinte, foram introduzidas derrogações e isenções para proteger os pobres e vulneráveis. Contudo, a política de derrogações e isenções não atingiu o seu objetivo e, por conseguinte, não permitiu que os pobres e vulneráveis tivessem acesso aos cuidados de saúde.

A Visão 2030 do Quénia é o plano de desenvolvimento a longo prazo do país. Os planos a médio prazo e as prioridades orçamentais para a transformação social e económica são preparados e avaliados em função da Visão 2030. O plano estratégico do Ministério dos Serviços Médicos alinha os seus objectivos com a concretização da Visão 2030, mas existe um grande obstáculo à realização destes objectivos: o financiamento. Este facto é apresentado na Tabela 9.5 do plano estratégico.

Quadro 1.1: Estimativa dos défices de financiamento Milhões de KSh

Categoria	2009/10	2010/11	2011/12	Total
Equipamento	2,053	2,037	2,078	7,826
Recursos humanos	15,717	19,470	23,937	59,124
Infra-estruturas	2,109	2,194	1,602	6,430
Equipamento especializado	4,966	5,706	6,560	17,231
Total geral	**24,845**	**29,407**	**34,177**	**90,611**

Adotado pelo Departamento de Serviços Médicos, Estratégia de Financiamento dos Cuidados de Saúde 2010-2012.

Estes défices de financiamento verificam-se depois de o Governo ter tido em conta as subvenções que espera dos seus doadores, a saber

Quadro 1.2: Apoio previsto dos doadores para os cuidados de saúde no Quénia

Ano	2008/9	2009/10	2010/11	2011/12	Total
KSh. Milhões	7,772.7	8,062.1	8,409.4	8,713.3	32,957.5

Adotado pelo Departamento de Serviços Médicos, Estratégia de Financiamento dos Cuidados de Saúde 2010-2012.

De acordo com um documento da USAID (2009) intitulado *Investing wisely, Health Policy Initiatives helps Kenya Improve Health Financing Policies and Systems,* o sistema de saúde queniano depende atualmente de seis fontes principais de financiamento Receitas gerais do Estado (impostos pagos por todos os quenianos) - São afectadas a partir de um conjunto comum de impostos e cada departamento governamental é afetado de acordo com a disponibilidade.

Constituem a maior parte do financiamento do governo para os cuidados de saúde públicos. Outra fonte de financiamento são as taxas de utilização pagas pelos utentes individuais quando acedem aos serviços, introduzidas pelo Governo em 1989 para colmatar o fosso crescente entre as despesas do sector da saúde e os recursos disponíveis. A força deste sistema reside no facto de as pessoas que utilizam o serviço contribuírem para o seu financiamento. Além disso, desde o início, foram previstas derrogações e isenções para os mais desfavorecidos. O National Hospital Insurance Fund (NHIF) é um seguro de saúde público criado em 1966, cuja lei foi alterada em 1998. O NHIF é o único regime de seguro de saúde detido pelo Estado e funciona segundo um "modelo empresarial". A empresa tem vindo a trabalhar no sentido de aumentar os fundos que reúne e de aumentar a sua eficiência para os clientes.

Outras fontes de financiamento dos cuidados de saúde públicos incluem fundos de doadores e pagamentos diretos, que são a forma mais desencorajada de financiamento dos cuidados de saúde. Os planos de saúde patrocinados pela entidade patronal também estão presentes em algumas organizações. No entanto, não representam uma percentagem significativa do financiamento. Neste caso, o empregador compromete-se a pagar as despesas médicas do trabalhador, muitas vezes com um limite máximo que o empregador está disposto a aceitar. Muitas vezes, esta modalidade não implica a assumpção do risco por um terceiro.

1.2 Problema de investigação

A aplicação de estratégias está repleta de dificuldades. A experiência mostra que as estratégias falham mais frequentemente do que são bem sucedidas (Thomson e Strickland, 1989). As organizações são sistemas abertos e reagem sempre ao ambiente externo com estratégias adequadas. Sem isso, é pouco provável que o objetivo desejado seja alcançado.

O financiamento dos cuidados de saúde enfrenta desafios únicos. Em primeiro lugar, as pessoas precisam de cuidados de saúde quando não estão de boa saúde; neste caso, os seus orçamentos aumentaram enquanto a sua produtividade diminuiu. Em segundo lugar, em muitos países, incluindo o Quénia, os cuidados de saúde são considerados um direito humano. De facto, no Quénia, este direito está consagrado na Constituição. No entanto, os cuidados de saúde são dispendiosos e muitos governos têm de desenvolver estratégias para mobilizar recursos para cobrir os cuidados de saúde. A partilha de riscos é, por conseguinte, incentivada no financiamento dos cuidados de saúde. No entanto, trata-se geralmente de um desafio.

Os estudos sobre a implementação de estratégias e os desafios que enfrentam incluem Mumbua, (2003), Koskei, (2003), Olali, (2006), Kiprotich, (2008). Mumbua estudou os factores que influenciam a aplicação das estratégias das organizações não governamentais que operam no Quénia. Koskei estudou os desafios que se colocam à implementação de estratégias em empresas públicas, centrando-se na Telkom Kenya. Em 2006, Olali estudou os desafios da implementação de estratégias em bancos cooperativos. Mais recentemente, em 2008, Kiprotich produziu um estudo intitulado "Strategy implementation and its challenges: A case study of the African Braille Centre.

Existem diferenças contextuais significativas em termos de gestão, dimensão da organização, ambiente externo, pontos fortes, pontos fracos, oportunidades e activos. Existem diferenças porque todos estes elementos se encontram em diferentes sectores da economia e não podem ser tomados empiricamente para explicar os desafios no outro sector. Os estudos acima citados não explicaram os desafios que se colocam à implementação de estratégias de financiamento da saúde no Quénia ou em qualquer outro país. Por conseguinte, este estudo procurou responder à seguinte questão: existem desafios à implementação das várias estratégias e/ou políticas de financiamento dos cuidados de saúde no Quénia?

1.3 Objetivo do estudo

Identificar as dificuldades encontradas na implementação de estratégias de financiamento dos cuidados de saúde públicos no Quénia.

1.4 Valor do estudo

Este estudo contribuiria de forma significativa para o conjunto de conhecimentos existentes no domínio emergente do financiamento dos cuidados de saúde. Embora muitos países do Terceiro Mundo tenham dependido do financiamento dos doadores durante muitos anos, o cansaço dos doadores está a instalar-se, preferindo estes estratégias sustentáveis para ajudar os países pobres. O cansaço dos doadores está a instalar-se e estes preferem estratégias sustentáveis para ajudar os países pobres. Uma dessas estratégias consiste em educar os decisores políticos sobre as abordagens internacionais em matéria de cuidados de saúde. Este estudo seria de grande valor para os criadores de currículos que desejem centrar a sua formação no Quénia. Seria inestimável para os gestores médios e superiores do sector da saúde queniano, pois permitir-lhes-ia compreender exatamente quais são os desafios, o que é sempre o primeiro passo para resolver um problema. O estudo seria igualmente útil para os doadores, que estão sempre interessados em saber quais os desafios existentes nos países para os quais fazem doações, a fim de reforçar as suas capacidades. O estudo seria igualmente útil para os estudantes interessados na política e na gestão dos cuidados de saúde.

CAPÍTULO DOIS
ANÁLISE DOCUMENTAL

2.1 Introdução

Neste capítulo, procedemos à revisão da literatura relevante, a fim de fornecer uma base teórica e concetual para abordar o objetivo do estudo. Examinámos os desafios que se colocam à implementação de estratégias, tal como descritos por autores da área.

2.2 O conceito de estratégia

O termo estratégia vem dos gregos antigos e da palavra grega "Stratego" que significa planear a destruição dos inimigos através da utilização eficiente dos recursos (Bracker citado em Burnes, B. 1999). Alfred D. Chandler Jr (1962) definiu estratégia como a determinação das metas e objectivos fundamentais a longo prazo de uma empresa e a adoção de um curso de ação e afetação de recursos para atingir esses objectivos. Kenneth, A. (1980) afirma que uma estratégia é o padrão de tomada de decisão de uma empresa que determina e revela os seus objectivos, metas ou propósitos, produz as principais políticas e planos para atingir esses objectivos e define o leque de actividades que a empresa deve prosseguir, o tipo de organização económica e humana que é ou pretende ser, e a natureza da contribuição económica e não económica que pretende dar aos seus acionistas, empregados, clientes e comunidades.

Mintzberg, H. (1994) afirmou que o termo estratégia tem vários significados, todos eles úteis. Indicou que a estratégia é um plano, um modelo, uma posição, uma perspetiva e, numa nota de rodapé, indicou que pode ser um estratagema, uma manobra concebida para enganar um concorrente. A isto chamou-se os cinco Ps da gestão estratégica. Bryson (1996) define estratégia como um conjunto de objectivos, políticas, programas, acções, decisões ou afetação de recursos que definem o que é uma organização, o que faz e como o faz. Scholes J. e Whittington (2005) argumentam que a estratégia é a direção e o âmbito a longo prazo de uma organização, que ganha vantagem num ambiente em mudança configurando os seus recursos e competências para satisfazer as expectativas das partes interessadas.

Johnson e Scholes (2002) definem a estratégia como a direção e o âmbito a longo prazo de uma organização que lhe permite obter vantagens através da configuração dos seus recursos num ambiente difícil para satisfazer as necessidades do mercado e as expectativas das partes interessadas. No domínio militar, que se pensa estar na origem da gestão estratégica, a estratégia de uma batalha refere-se a um plano geral de ataque ou de defesa. Geralmente, envolve medidas tomadas antes de enfrentar o inimigo e concebidas para o frustrar. Neste contexto, a estratégia tem a ver com a afetação de recursos. Segundo David Fred (2003), as estratégias permitem às empresas serem mais proactivas do que reactivas. Desta forma, podem determinar o seu futuro. No entanto, esta afirmação pode ser qualificada pelo facto de existirem factores externos de natureza política, ecológica, social, tecnológica e jurídica que podem afetar o sucesso de uma estratégia. Uma estratégia pode falhar e, nesse caso, a tática domina a ação. Qualquer que seja a empresa, a estratégia implementada é apenas uma parte da estratégia desejada. A outra parte é denominada emergente e é uma adaptação às condições encontradas durante o processo (Steiner & Gorge, 1979).

A estratégia influencia os resultados. Em tempos de relativa estabilidade, pouca turbulência económica e baixa concorrência por recursos e mercado, as empresas podem sobreviver facilmente e não precisam de planear estrategicamente. No entanto, nada disto existe no mundo atual. Por conseguinte, torna-se necessário que todas as organizações, privadas ou públicas, com ou sem fins lucrativos, desenvolvam estratégias. As estratégias desenvolvidas e implementadas por uma empresa podem ser determinadas pela estrutura da organização, pelos recursos disponíveis e pela natureza do acoplamento com o ambiente e o objetivo estratégico perseguido (Jones e Karen, 1998).

2.3 Implementação da estratégia

A implementação da estratégia é uma das componentes da gestão estratégica. Pearson e Robinson (1997) definem a gestão estratégica como um conjunto de decisões e acções que conduzem à formulação e implementação de planos destinados a atingir os objectivos de uma empresa. De acordo com Mintzberg (1994), a formulação da estratégia envolve vários processos. Em primeiro lugar, envolve a análise da situação no ambiente interno e externo, tanto micro como macro. Em segundo lugar, a criação de declarações de visão com uma visão a longo prazo de um futuro possível e a criação de declarações de missão que especificam o papel que a organização se vê a desempenhar na sociedade. Em terceiro lugar, a criação de objectivos estratégicos globais para a empresa e de objectivos tácticos para a unidade de negócio. Por último, é elaborado um plano que especifica a forma como os objectivos devem ser alcançados.

A implementação da estratégia envolve também uma série de processos. Em primeiro lugar, a afetação de recursos suficientes, incluindo recursos financeiros, humanos, de tempo e de TI, se necessário. Em segundo lugar, estabelecer uma cadeia de comando ou outra estrutura, como equipas multifuncionais com responsabilidades específicas. Em terceiro lugar, atribuir a responsabilidade por tarefas ou processos específicos a indivíduos ou grupos específicos. Quando uma tarefa é atribuída a um grupo, deve ser designado um líder que possa ser responsabilizado. Por último, trata-se de gerir o processo, o que inclui o controlo dos resultados, a comparação com os parâmetros de referência e as melhores práticas, a avaliação da eficácia e da eficiência do processo, o controlo dos desvios e o ajustamento do processo, se necessário (Deloitte et Touche, 2003). Os investigadores (Alexander, 1991; Giles, 1991; Aosa, 1992; Lares-Mankki, 1994; Galpin, 1998) salientaram uma série de problemas na implementação da estratégia. Estes problemas incluem a fragilidade das funções de gestão, a falta de comunicação, a falta de empenhamento na estratégia e a falta de compreensão da estratégia. De acordo com Aosa (1992), uma vez desenvolvidas, as estratégias devem ser implementadas; não têm qualquer valor se não forem efetivamente traduzidas em acções. No entanto, a má implementação de uma estratégia adequada resulta frequentemente no fracasso dessa estratégia (Kiruthi, 2001).

David (1997) observa que é mais provável que uma estratégia seja expressa em termos conceptuais e prioridades de alto nível. Para uma implementação eficaz, tem de ser traduzida em políticas mais pormenorizadas que possam ser compreendidas ao nível funcional da organização. Andrew (1980) acrescenta que a expressão da estratégia em termos de políticas funcionais realça quaisquer questões práticas que não seriam visíveis a um nível mais elevado. A estratégia tem de ser traduzida em políticas específicas para áreas funcionais como o marketing, a investigação e o desenvolvimento, as compras, a produção, os recursos humanos, a informação, a comunicação e a tecnologia. David (2003) salienta que a implementação da estratégia não se segue automaticamente à formulação da estratégia. No entanto, a formulação e a implementação da estratégia é um processo contínuo, interminável e integrado que exige uma reavaliação e uma reforma constantes. A implementação da estratégia é, portanto, dinâmica e envolve um padrão complexo de acções e reacções.

2.4 Os desafios da implementação de uma estratégia

Muitas caraterísticas organizacionais podem ajudar ou dificultar a implementação de uma estratégia. De acordo com Kithinji (2005), as estratégias que falham durante a implementação são um bom objeto de estudo porque podem refletir uma implementação ineficaz. Isto significa que podem contribuir para o conjunto de conhecimentos existentes sobre a implementação eficaz de estratégias. A implementação da estratégia continua a ser a parte mais difícil da atividade empresarial. Por vezes, as organizações são rápidas a desenvolver estratégias alternativas sem seguir as estratégias previamente formuladas. Este facto causa confusão e até frustração entre os responsáveis pela implementação das estratégias.

Alguns dos estudos realizados destacam uma série de factores que explicam o fracasso da implementação de uma estratégia. Estes incluem uma gestão deficiente, falta de empenho, má coordenação e partilha de recursos e responsabilidades, falta de capacidade entre os executores, actividades concorrentes e factores ambientais incontroláveis (Thomas, Strickland e Gamble, 2007, Giles, 2007, Koontz e Weirich, 2001). De acordo com Hrebiniak (2005), alguns dos desafios incluem a necessidade de um prazo mais longo do que o inicialmente previsto para a implementação, uma estratégia deficiente ou vaga, conflitos com a estrutura de poder organizacional, partilha de informação deficiente ou inadequada, falta de compreensão na estrutura organizacional, incluindo a partilha de informação e o método de coordenação, responsabilidade e responsabilização pouco claras no processo de implementação e a incapacidade de gerir as mudanças resultantes da implementação.

Uma das principais preocupações dos gestores de topo é encontrar o líder certo para implementar uma estratégia. Uma má liderança é uma das principais fontes de fracasso da estratégia. Ghieck (1980) defende que um gestor deve ter as caraterísticas corretas para implementar uma estratégia com sucesso. Embora as competências técnicas sejam importantes, as competências sociais também desempenham um papel importante no sucesso de uma estratégia. Além disso, a comunicação efectiva da estratégia até ao nível mais baixo é importante para o êxito de uma estratégia. Por vezes, esta comunicação não existe, nomeadamente nas grandes organizações.

A cultura organizacional pode atuar como um travão à implementação da estratégia. Bossidy e Charan (2002) defendem que é importante verificar a realidade quando se trata de criar uma cultura de execução em toda a organização. A cultura organizacional é a personalidade e o clima de trabalho interno da organização, determinado pelos seus valores fundamentais, crenças, tradições, princípios empresariais, práticas de trabalho e modos de funcionamento (Thomson, Strickland e Gamble, 2007). Orientam os trabalhadores sobre a forma de se comportarem, o que devem fazer e que prioridades devem atribuir à realização do trabalho. O pessoal de planeamento e coordenação pode ser reforçado para gerir a cultura como parte da implementação da estratégia. (Schwartz e Davis, 1981). Obara G. O (2008) identifica a cultura organizacional como um desafio na implementação de planos estratégicos na Comissão Eleitoral do Quénia.

Se a estrutura organizacional não apoiar a estratégia, o resultado é a ineficiência (Chandler, 1962). Pearce e Robinson (2003) argumentam que os elementos-chave de uma organização - estrutura, pessoas, sistemas, pessoas, estilo - influenciam a forma como as principais tarefas de gestão são executadas. A estrutura é um ingrediente organizacional fundamental para o sucesso, mas dentro de qualquer estrutura, os elementos-chave que influenciam o sucesso são os processos organizacionais formais e informais (Pettigrew e Fenton, 2000). Mintzberg (1990) conclui que "a estratégia segue a estrutura como o pé esquerdo segue o pé direito". Por conseguinte, as estruturas existentes não devem impedir a aplicação das estratégias previstas. A falta de adesão das partes interessadas, incluindo os trabalhadores, é um grande desafio na implementação de uma estratégia. A melhor forma de implementar uma estratégia não é dizer às pessoas o que devem fazer, mas sim informá-las de uma forma que elas possam compreender e apoiar. O nível de envolvimento é influenciado pelo poder detido por uma parte interessada.

Os que têm um forte interesse e influência devem ser envolvidos em todas as fases, desde o desenvolvimento. Para os que têm grande influência mas pouco interesse, devem ser mantidos informados. Os que têm pouco interesse e influência podem ser ignorados ou, pelo contrário, necessitam de um esforço mínimo. Os que têm grande interesse mas pouca influência devem ser satisfeitos para que a implementação seja bem sucedida. Num exemplo contextual, o

National Hospital Insurance Fund (NHIF) aumentou recentemente as suas tarifas. Não consultou a Organização Central dos Sindicatos (COTU). A COTU tem interesse no facto de os trabalhadores do sindicato serem obrigados a pagar mais. Além disso, tem influência porque é o órgão de cúpula de todos os sindicatos. Consequentemente, a estratégia foi paralisada e um caso foi levado a tribunal. Esta situação poderia ter sido evitada se o organismo tivesse sido envolvido desde o início.

Os processos humanos são muito importantes na implementação de uma estratégia. As estratégias devem ser desenvolvidas com base no julgamento das pessoas, uma vez que são elas as responsáveis pela sua implementação. De acordo com Thomson, Strickland e Gamble (2007), as práticas motivacionais e os sistemas de recompensa são ferramentas de gestão poderosas que permitem a uma organização envolver os seus trabalhadores. Com as estratégias certas e as pessoas certas, o desafio é criar planos realistas com planos de ação específicos e responsabilidade. Trata-se de dividir as metas de longo prazo em objectivos de curto prazo que facilitem a tomada de decisões e em acções claras e exequíveis que possam ser implementadas. Cada ação do plano deve ser específica, mensurável, aceitável, realista e calendarizada. No entanto, deve também ser encarada como um desafio.

A inadequação dos recursos é outra causa de fracasso da estratégia na fase de implementação. A estratégia orienta uma organização sobre a forma de alinhar corretamente os recursos da empresa para explorar as oportunidades e minimizar as ameaças. Thomson, Strickland e Gamble (2007) defendem que os requisitos de financiamento de uma nova estratégia devem orientar a forma como são efectuadas as afectações de capital e a dimensão do orçamento operacional de cada unidade. O subfinanciamento das unidades organizacionais e das actividades críticas para o sucesso estratégico dificulta a execução da estratégia e a procura da excelência operacional. Durante muito tempo, os planos estratégicos não estavam associados a orçamentos. Como resultado, muitas organizações fizeram planos que não foram cumpridos. Esta situação punha em causa o conceito de planeamento estratégico, pondo em causa a sua relevância para a organização. Por outras palavras, as organizações estavam a elaborar uma "lista de desejos" que designavam por planos estratégicos.

A resistência à mudança é um fenómeno multifacetado que introduz atrasos, custos adicionais e instabilidades no processo de mudança. A resistência pode assumir muitas formas, como a procrastinação e os atrasos no início do processo de mudança. Atrasos inesperados na implementação e ineficiências significam que a implementação da estratégia custa mais do que o previsto. Também pode haver esforços dentro da organização para sabotar a estratégia ou absorvê-la no conjunto de outras prioridades. A resistência à mudança pode ser sistémica ou comportamental. A resistência sistémica é organizacional e inclui a conceção da organização, a cultura organizacional, as limitações de recursos, os investimentos fixos e os acordos inter-organizacionais. A resistência comportamental, por outro lado, pode ser a nível individual ou coletivo. A nível individual, pode envolver trabalhadores ou gestores de outros departamentos, enquanto a nível coletivo pode envolver gestores que partilham tarefas comuns ou coligações e centros de poder dentro da organização. Estas coligações são geralmente grupos informais. Todas estas formas de resistência podem abrandar ou paralisar completamente uma estratégia.

A falta de informação pode dificultar a implementação de uma estratégia. Em alguns casos, as estratégias são formuladas ao mais alto nível e espera-se que os níveis médio e operacional as adoptem e implementem. Nalguns casos, estes não compreendem os conceitos e o pensamento subjacentes às estratégias. Tornam-se então muito dependentes da direção e precisam de ser orientados em todas as decisões. Esta situação pode levar à frustração dos trabalhadores e à não concretização da estratégia. No seu estudo sobre o Centro Africano de Braille,

Kiprotich. J (2008) cita a falta de informação devido à ausência de canais de comunicação adequados como um dos desafios que o centro enfrenta.

CAPÍTULO TRÊS
METODOLOGIA DE INVESTIGAÇÃO

3.1 Introdução

Este capítulo apresenta a metodologia global utilizada para a realização do estudo. Explica a conceção adoptada para o estudo. Explica também a população do estudo, que foi utilizada para identificar os inquiridos adequados para o estudo. Seguem-se os instrumentos e as ferramentas de recolha de dados.

3.2 Conceção da investigação

O estudo utilizou um modelo de investigação de estudo de caso no âmbito do Departamento de Serviços Médicos. Este método foi o mais adequado porque, ao examinar estratégias já em vigor, as unidades estudadas também puderam fornecer mais informações. O objetivo do estudo era recolher informações dos entrevistados sobre os seus pontos de vista e opiniões sobre os desafios enfrentados na implementação de estratégias de financiamento dos cuidados de saúde no Quénia.

3.3 Técnica de recolha de dados

O estudo baseou-se em grande medida em dados primários recolhidos junto dos inquiridos. No total, foram entrevistadas 10 pessoas no âmbito do estudo. Foi utilizado um guião de entrevista para recolher informações dos entrevistados através de entrevistas pessoais.

3.4 Análise de dados

A análise de conteúdo foi utilizada para tirar conclusões e fazer recomendações. Esta análise baseou-se na informação detalhada recolhida sobre os desafios da implementação de estratégias de financiamento dos cuidados de saúde no Quénia. A análise de conteúdo foi utilizada para selecionar frases-chave e opiniões e relacioná-las com padrões emergentes.

CAPÍTULO QUATRO
ANÁLISE DOS DADOS E INTERPRETAÇÃO DOS RESULTADOS

4.1 Introdução

Este capítulo apresenta os resultados do estudo. Está dividido em duas secções: a primeira trata das informações pessoais e organizacionais dos entrevistados e a segunda dos principais desafios encontrados na implementação das estratégias. O objetivo da investigação era identificar os desafios enfrentados na implementação das estratégias de financiamento dos cuidados de saúde públicos no Quénia. Foram recolhidas informações de uma amostra de 10 inquiridos de dez hospitais de nível V do país.

4.2 Informações gerais

Esta secção examina as informações relativas aos inquiridos. A secção fornece informações como, por exemplo, há quanto tempo o inquirido está empregado. Não seria útil, por exemplo, entrevistar alguém que está a entrar para o Departamento de Serviços Médicos. A secção também analisa o papel do inquirido no departamento, a sua compreensão das estratégias de financiamento dos cuidados de saúde e o seu envolvimento na formulação e implementação de estratégias. São igualmente fornecidas as taxas de resposta.

4.2.1 Taxa de resposta

No total, foram aplicados dez guiões de entrevista. Os guiões de entrevista preenchidos foram revistos quanto à sua exaustividade e coerência. Dos dez guiões de entrevista utilizados na amostra, oito foram devolvidos. Os outros dois não foram devolvidos. Os guias de entrevista devolvidos representaram uma taxa de resposta de 80%, que o estudo considerou adequada para a análise.

4.2.2 Número de anos no cargo

O estudo tentou determinar há quantos anos os inquiridos se encontravam na sua posição atual. Este número foi utilizado juntamente com o número de anos de serviço para evitar que um inquirido não tivesse informações no sítio por ser novo no serviço. Dois dos inquiridos estavam na sua posição atual há menos de dois anos. Três estavam na sua posição atual entre três e cinco anos, enquanto dois estavam na sua posição atual há mais de cinco anos.

4.2.3 Total Número de anos no Ministério dos Serviços Médicos

Este critério tem sido utilizado para avaliar a rapidez com que uma pessoa pode ascender ao topo de um hospital. Espera-se que uma pessoa tenha de acumular experiência antes de passar para a direção. Das oito pessoas entrevistadas, duas estavam em funções há menos de dois anos. Isto significa que foram recrutadas diretamente para um cargo de gestão hospitalar. Duas estavam no serviço entre dois e cinco anos, enquanto as outras quatro estavam no serviço há mais de cinco anos.

4.2.4 Principal papel do departamento no Ministério da Saúde Serviços

Quando lhes foi pedido que identificassem a função principal do seu departamento no Ministério, os inquiridos identificaram as seguintes funções: coordenação, facilitação e supervisão de todos os serviços administrativos ou de apoio no Ministério (Departamento de Administração da Saúde), implementação da prestação de serviços aos doentes (Departamento Médico/Curativo) e contabilidade (Departamento Financeiro e de Contabilidade).

4.2.5 Compreender a estratégia de financiamento da saúde pública no Quénia Plano

Quando lhes foi perguntado se compreendiam o plano estratégico do Quénia para o financiamento da saúde pública, a maioria dos inquiridos indicou que compreendia o plano estratégico do Quénia para o financiamento da saúde pública. No entanto, uma grande parte dos inquiridos declarou não compreender o plano estratégico de financiamento da saúde pública do Quénia. Entre os que compreenderam, consideraram que a maior parte do financiamento do Plano Estratégico de Financiamento da Saúde Pública do Quénia provém do Tesouro e de outros doadores, que o plano é uma colaboração entre o governo e outras partes interessadas e que é um plano para a forma como os serviços de saúde podem ser apoiados. Por outro lado, aqueles que não compreendiam o plano estratégico de financiamento da saúde pública do Quénia disseram que nunca tinham visto um documento sobre o mesmo no ministério.

4.2.6 Conhecimento das estratégias de financiamento da saúde pública disponíveis no Quénia

Os entrevistados concordaram unanimemente que estavam cientes das estratégias de financiamento da saúde disponíveis no Ministério. Também identificaram a partilha de custos e o Fundo de Serviços do Setor da Saúde (HSSF) como parte das estratégias de financiamento da saúde disponíveis no Departamento. O HSSF é financiado pelo governo central. O financiamento dos doadores foi também mencionado como uma das principais fontes de financiamento dos cuidados de saúde públicos no Quénia.

4.2.7 Participação na elaboração do financiamento da saúde Estratégias

Verificou-se que os entrevistados estavam normalmente envolvidos na formulação de estratégias de financiamento da saúde em todas as categorias e, em particular, nas seguintes áreas: tomar decisões sobre fundos para a melhoria das instalações ao nível da faculdade, o que inclui a capacidade de fixar preços para os serviços ao nível das instalações. Os diretores de saúde podem também conceder dispensas e isenções a utentes carenciados, o que constitui um aspeto importante do financiamento dos cuidados de saúde públicos. Os gestores também puderam participar em seminários sobre a formulação de estratégias, o fornecimento de dados da secção de contabilidade e a análise de planos operacionais a nível das unidades. A recente criação de comités de finanças hospitalares também melhorou a participação da comunidade no financiamento dos cuidados de saúde públicos.

4.2.8 Opinião sobre a disponibilidade das competências necessárias para implementar planos estratégicos de financiamento da saúde

A maioria dos inquiridos considerou que o Ministério tinha as competências necessárias para implementar os planos estratégicos de financiamento da saúde, ao passo que uma grande parte dos inquiridos considerou o contrário. Os que consideravam que o Ministério não possuía as competências necessárias para implementar os planos estratégicos de financiamento da saúde consideravam que havia falta de pessoal qualificado e que, por conseguinte, o pessoal precisava de ser formado. Outra questão levantada é o facto de a maioria dos gestores de saúde terem sido formados como profissionais médicos e não como gestores de saúde. Por conseguinte, são mais sábios como profissionais de saúde do que como gestores de saúde. A paixão dos gestores de saúde pelo seu trabalho clínico é vista como um desafio para o financiamento dos cuidados de saúde. Parecem mais inclinados a desenvolver as suas competências médicas em detrimento de qualquer outra área, incluindo as finanças dos cuidados de saúde.

4.2.9 Adequar a formação às estratégias de financiamento dos cuidados de saúde

Alguns inquiridos tinham recebido formação adequada sobre a implementação de estratégias, mas esta limitava-se ao contexto das estratégias de financiamento dos cuidados de saúde no Quénia. No entanto, uma proporção significativa dos inquiridos não recebeu qualquer formação sobre este assunto. Entre os que receberam formação contam-se os diretores dos hospitais. A formação foi ministrada pela equipa provincial de saúde, pelo secretariado do HSSF e pelos gestores da sede. No entanto, foram manifestadas preocupações quanto ao facto de a formação se destinar apenas aos gestores de topo e de os gestores mais jovens não terem recebido qualquer formação sobre as estratégias de financiamento dos cuidados de saúde públicos e a sua implementação. O resultado é a falta de adesão de todos os profissionais de saúde.

De acordo com a maioria dos entrevistados, o pessoal não recebeu formação objetiva e adequada para compreender o conceito de estratégias de financiamento dos cuidados de saúde, ou seja, o pessoal do hospital necessita urgentemente de formação. A formação não tem sido adequada e atempada, e a comissão de finanças do hospital não tem recebido formação. Alguns dos entrevistados consideraram que a pouca formação que receberam se destinava a esclarecê-los sobre o que se passava no sistema de financiamento dos cuidados de saúde no Quénia. No entanto, o financiamento dos cuidados de saúde está a desenvolver-se rapidamente como uma disciplina de pleno direito, onde os estudantes recebem formação sobre os diferentes modelos disponíveis em todo o mundo, incluindo os desafios enfrentados na implementação de diferentes modelos em todo o mundo.

4.3 Os desafios da aplicação da estratégia

Esta secção abrange a questão colocada aos inquiridos sobre os desafios enfrentados na implementação da estratégia em termos de estrutura, sistema e procedimentos organizacionais, cultura e tradições, tecnologia, liderança, recursos humanos, quadro jurídico e financiamento. Foram utilizados quadros, frequências e percentagens para apresentar os resultados.

4.3.1 Estrutura

Foi perguntado aos inquiridos se a estrutura do Ministério constituía um problema para a implementação de estratégias de financiamento da saúde. Alguns inquiridos consideraram que a estrutura não constituía um problema para a implementação das estratégias de financiamento da saúde. No entanto, a maioria dos inquiridos considerou que a estrutura tinha sido, em diferentes graus, um problema na implementação das estratégias de financiamento da saúde. Alguns dos desafios específicos estavam associados às relações interdepartamentais, tendo sido considerado que, por vezes, os departamentos técnicos estão mais concentrados do que os departamentos administrativos, o que, por vezes, conduz a conflitos.

A estrutura do Ministério também causou atrasos no desembolso dos fundos. As burocracias governamentais, que incluem diferentes signatários a vários níveis, provocam atrasos no financiamento das facilidades. No entanto, tal pode ser necessário para proteger o dinheiro dos contribuintes. Também se considerou que, por vezes, havia falta de clareza na prestação dos serviços de saúde e burocracia na tomada de decisões. Foi também levantada a questão da existência de dois ministérios responsáveis pela saúde, o Ministério dos Serviços Médicos e o Ministério da Saúde Pública e Saneamento. Inicialmente, existia apenas um ministério, o da saúde. Atualmente, o fluxo de fundos de um estabelecimento para outro pode, por vezes, ser objeto de uma troca interministerial. Por exemplo, quando um doente é encaminhado para um hospital de nível V, era mais fácil para um ou outro dos dois estabelecimentos cobrir o custo do encaminhamento, uma vez que todos os estabelecimentos estavam sob um superior comum. No entanto, agora que o Ministério foi dividido, os hospitais passarão a estar sob a alçada de diferentes superiores, que poderão mesmo encarar a questão de ângulos diferentes.

Os entrevistados também indicaram que o Ministério tinha conseguido resolver os desafios acima referidos através da nomeação de secretariados para tratar de questões específicas e da afetação de pessoal qualificado para gerir os serviços curativos e preventivos. Estes serviços são facturados ao nível das instalações, gerando receitas através da partilha de custos ou do fundo de melhoria das instalações.

De acordo com alguns entrevistados, a estrutura do Fundo Nacional de Seguro Hospitalar não é suficientemente robusta para gerir as suas operações, particularmente no terreno. As operações no terreno não estão ligadas à sede por redes extensas, o que atrasa o reembolso aos estabelecimentos que ofereceram os seus serviços. Alguns entrevistados sugeriram que as operações do Fundo Nacional de Seguro Hospitalar deveriam ser alinhadas com o seu mandato. A empresa é responsável pelo seguro de doentes em ambulatório e de doentes internados. No entanto, atualmente, apenas cobre os custos das camas. Alguns entrevistados também consideraram que a NHIF melhoraria a sua capacidade de reação se houvesse acordos sobre o prazo de pagamento dos serviços prestados pela empresa aos seus clientes.

4.3.2 Sistema e procedimentos organizacionais

Os entrevistados identificaram os sistemas e procedimentos organizacionais como um grande desafio na implementação de estratégias de financiamento da saúde no Ministério. As estratégias são formuladas a nível central, os comités hospitalares têm de se reunir, o processo de partilha de custos é muito moroso. Quase todas as questões têm de ser submetidas à administração provincial, que preside a todos os comités provinciais e distritais, incluindo o comité de saúde. As instalações não são independentes como as suas congéneres, o Kenyatta National Hospital ou o Moi Referral Hospital, que são paraestatais. O Ministério não pode alterar a gestão financeira do governo, as isenções e renúncias em que os serviços foram prestados sem qualquer compensação, a gestão de questões financeiras com pessoas de outros departamentos e a falta de indução do pessoal na organização e nos procedimentos. O estudo indica que os desafios associados aos sistemas e procedimentos organizacionais na implementação de estratégias de financiamento da saúde no Ministério seriam geridos através da formação de gestores hospitalares, do estabelecimento de sistemas adequados e da utilização de comités no processo de tomada de decisões. Também se considerou que, sempre que houver uma hipótese de receber financiamento de doadores, o processo deve começar na sede. A sede pode negociar com os doadores sem ter uma visão clara das necessidades estratégicas da instituição. Este facto também atrasa desnecessariamente a implementação das estratégias de financiamento.

4.3.3 Cultura e tradições

Perguntou-se aos entrevistados se a cultura e as tradições da organização constituíam um desafio para a implementação de estratégias de financiamento da saúde. Consideraram que a cultura e as tradições da organização desempenham um papel importante na implementação das estratégias de financiamento da saúde no ministério. A maioria dos entrevistados considerou que a cultura e as tradições organizacionais constituíam um desafio para a implementação das estratégias de financiamento da saúde. Os desafios identificados foram os seguintes: os gestores agarram-se a formas antigas de fazer as coisas (relutantes em mudar). Alguns funcionários evitam a tecnologia, incluindo a informatização das operações hospitalares.

Foram igualmente evitados sistemas e procedimentos adequados. Este facto foi particularmente evidente nos processos de dispensa e isenção. A resistência aos procedimentos deveu-se por vezes ao facto de o pessoal querer prestar serviços a amigos e familiares sem que estes tenham de pagar, o que resulta numa perda de receitas para os hospitais. A comunidade também foi considerada como tendo um papel importante no impedimento do financiamento dos cuidados de saúde. Alguns membros do público utilizam os líderes comunitários para exigir que os doentes sejam tratados gratuitamente, apesar de a Constituição estipular que o Estado tem o dever de prestar cuidados de saúde aos seus cidadãos. Existe também uma cultura de políticos que exigem que os doentes recebam alta sem pagar as facturas médicas, o que, por vezes, tem dificultado o financiamento dos cuidados de saúde.

Outra cultura mencionada pelos doentes que constitui um obstáculo à implementação de estratégias de financiamento dos cuidados de saúde é a utilização de curandeiros tradicionais. Os doentes tendem a ser tratados por curandeiros quando poderiam ter sido tratados no hospital, o que teria injetado fundos no fundo de saúde. Em casos de má gestão, os mesmos pacientes acabam em hospitais onde nem sequer podem pagar as taxas mínimas. Ao mesmo tempo, a sua doença geralmente já progrediu nessa altura e o seu tratamento custa muito mais.

Este facto priva o fundo de saúde de financiamento. Para ultrapassar estas dificuldades, o departamento organizou reuniões de formação centradas no serviço ao cliente, introduziu uma carta de serviços, contratou pessoas com as competências necessárias, iniciou a transferência de pessoal de um posto para outro e introduziu subvenções e o HMSF. A introdução de cartas de serviço também realçou as obrigações da comunidade. Estas incluem a sua obrigação de pagar pelos serviços prestados, exceto se tiverem sido formalmente isentos ou dispensados de pagar por esses serviços.

4.3.4 Tecnologia

Os resultados do estudo também indicam que a tecnologia representa um grande desafio na implementação das estratégias de financiamento da saúde. A maioria dos inquiridos reconheceu que a tecnologia tem, em grande medida, afetado a implementação de estratégias de financiamento da saúde. Os desafios colocados pela tecnologia na implementação das estratégias de financiamento da saúde vão desde a tecnologia básica até aos avanços tecnológicos complexos.

Algumas eram tão básicas como a ausência de caixas registadoras, obrigando os caixas e os estabelecimentos a utilizarem recibos manuais para as transacções, o que é propício à manipulação. A falta de ligação à Internet afecta a cultura da leitura, quando a medicina é uma área dinâmica que exige uma atualização constante dos conhecimentos. Além disso, não existe uma rede entre os diferentes serviços do hospital. Os responsáveis pela saúde ( ) consideraram que a implementação de um sistema a nível hospitalar reduziria a faturação manual dos doentes e colmataria muitas das lacunas, aumentando assim os recursos do fundo de melhoramento do hospital. Embora alguns serviços estivessem interligados, o software utilizado não satisfazia as especificações exigidas. Além disso, como o governo não enviou pessoal, não há apoio informático. Por conseguinte, as escolas foram obrigadas a recorrer ao outsourcing, que absorveu o pouco que tinham recebido. A má qualidade do material utilizado e o elevado nível de iliteracia informática do pessoal foram igualmente citados como desafios para o financiamento dos cuidados de saúde nos estabelecimentos públicos.

4.3.5 Liderança

A maioria dos inquiridos neste estudo considera que o Ministério tem enfrentado problemas de liderança na implementação de estratégias de financiamento da saúde. Isto mostra que a liderança é um problema real na implementação de estratégias de financiamento da saúde. O primeiro desafio citado pelos inquiridos é o facto de considerarem que a maioria deles foi formada como pessoal médico e que só aprendem gestão, incluindo a implementação de estratégias de financiamento da saúde, no trabalho e, na maioria dos casos, com um apoio muito limitado. Além disso, os gestores de saúde sentem que a comunidade ainda não os reconhece como especialistas em saúde e não como gestores, e que são obrigados a passar a maior parte do seu tempo a cuidar dos doentes em vez de liderar várias iniciativas, como a implementação de estratégias de financiamento dos cuidados de saúde. Este desafio, que resulta da atribuição de responsabilidades não formadas ao pessoal, afecta igualmente outros gestores que não receberam formação adequada em matéria de finanças da saúde.

A falta de envolvimento das pessoas no planeamento foi também agravada pela confusão sobre o papel dos Comités de Finanças Hospitalares e do anterior órgão denominado Conselho Hospitalar, não sendo claro qual dos dois deveria liderar as questões financeiras dos cuidados de saúde no hospital. Para fazer face aos desafios de liderança, o Ministério estabeleceu contactos com doadores para formar membros da Equipa de Gestão Hospitalar (EGH) e organizou também uma formação nacional para gestores sobre competências de liderança.

4.3.6 Recursos humanos

Foi perguntado aos inquiridos se os recursos humanos constituíam um desafio na implementação das estratégias de financiamento da saúde. A maioria dos diretores dos hospitais respondeu afirmativamente, afirmando que, em grande medida, os recursos humanos constituem um desafio na implementação das estratégias de financiamento da saúde. Os desafios específicos relacionados com os recursos humanos são os seguintes: a falta de pessoal leva a tarefas concorrentes, enquanto um médico poderia estar a realizar um procedimento que poderia ter contribuído para o fundo de melhoria das instalações, são-lhe atribuídas tarefas administrativas. A formação de novos agentes em matéria de financiamento dos cuidados de saúde e mesmo de agentes técnicos para a aplicação das estratégias de financiamento dos cuidados de saúde é igualmente insuficiente, assim como a existência de serviços adequados para gerir as diferentes responsabilidades e um rácio cliente/pessoal inadequado. Estes problemas poderiam ser resolvidos através da contratação de mais pessoal, numa base ocasional ou permanente, e do reforço das capacidades através da formação.

4.3.7 Quadro jurídico

A maioria dos inquiridos considerou que o quadro jurídico não constituía um obstáculo à aplicação das estratégias de financiamento da saúde. De facto, a Constituição queniana declara que a saúde é um direito humano. Consideraram que a lei era favorável, mas que o desafio consistia em traduzi-la em resultados. Além disso, o Quénia assinou a Declaração de Abuja, que estabelece que 15% do orçamento de um país deve ser consagrado ao financiamento dos cuidados de saúde. No entanto, o país não conseguiu atingir esta percentagem. No entanto, alguns entrevistados consideraram que o quadro jurídico era um obstáculo às estratégias de financiamento dos cuidados de saúde devido à falta de autonomia para encontrar parceiros, sendo todos os actores do financiamento dos cuidados de saúde regulados, em certa medida, pelo governo central. No entanto, esta regulamentação também é necessária, porque se os actores forem deixados à sua própria sorte, isso pode levar à exploração dos cidadãos.

A Caixa Nacional de Seguro Hospitalar recebe contribuições do público. A contribuição legal não corresponde aos ideais de um bom sistema de financiamento dos cuidados de saúde. Num sistema ideal, a contribuição deve basear-se na capacidade e a taxa deve basear-se na necessidade. No caso do Quénia, a contribuição é fixa, independentemente do rendimento de um indivíduo. No entanto, a contribuição para o Fundo Nacional de Seguro Hospitalar é um montante fixo. Algumas actividades não estão incluídas na Lei da Saúde Pública (Cap. 754) e foram criados procedimentos de adjudicação de contratos pesados, que afectam a disponibilidade atempada de bens e serviços.

4.3.8 Financiamento (recursos)

Foi pedido aos inquiridos que classificassem em que medida a falta de fundos constitui um obstáculo à aplicação de estratégias de financiamento da saúde. Os inquiridos concordaram que, em grande medida, a falta de fundos é um grande desafio para a implementação de estratégias de financiamento da saúde. Os problemas relacionados com a falta de fundos incluem: falta de pessoal, falta de sistema informático, projectos parcialmente concluídos na instituição e dívidas acumuladas. A falta de fundos foi atribuída a vários factores. Em primeiro lugar, consideram que o montante atribuído aos hospitais pelo governo central é insuficiente para financiar as infra-estruturas, o recrutamento e a formação do pessoal nesta área. Além disso, a questão do financiamento através dos fundos de partilha de custos coloca um problema. Em primeiro lugar, os hospitais não podem, por vezes, prestar vários serviços devido à falta de material médico, o que resulta numa perda de receitas.

O financiamento dos doadores também é visto como um desafio, uma vez que não é garantido. As instalações e o ministério no seu conjunto têm de lidar com a flutuação do financiamento dos doadores. Além disso, os doadores têm programas específicos para os quais pretendem que os seus fundos sejam utilizados. As prioridades dos doadores nem sempre coincidem com as do sector da saúde queniano.

Além disso, os recursos constituem um desafio importante para a aplicação das estratégias de financiamento dos cuidados de saúde, nomeadamente no que se refere à partilha dos custos, que se baseia no pagamento direto. É de notar que a maioria dos quenianos vive abaixo do limiar de pobreza, ou seja, com menos de um dólar por dia. Por conseguinte, estão mais interessados em satisfazer o segmento mais baixo da hierarquia das necessidades de Maslow. Mesmo em caso de doença, não podem pagar o tratamento numa unidade de saúde. Por conseguinte, consideram as opções menos dispendiosas, como ficar em casa e não procurar tratamento. Podem também considerar outras soluções, como os curandeiros tradicionais, a quem podem pagar com produtos da sua exploração agrícola. Todos estes são canais através dos quais uma das estratégias de financiamento dos cuidados de saúde públicos do Quénia está a perder dinheiro.

CAPÍTULO CINCO
RESUMO, CONCLUSÕES E RECOMENDAÇÕES

5.1 Resumo

O objetivo do estudo era determinar os desafios enfrentados na implementação de estratégias de financiamento dos cuidados de saúde públicos no Quénia. Antes de mais, o estudo revelou que as principais funções dos departamentos do Ministério eram a coordenação, a facilitação e a supervisão de todos os serviços administrativos ou de apoio do Ministério (Departamento de Administração da Saúde), a implementação da prestação de serviços aos doentes (Departamento de Administração/Curativos) e a contabilidade (Departamento de Finanças e Contabilidade).

A maioria dos inquiridos conhecia o plano estratégico de financiamento da saúde pública do Quénia e estava ciente das estratégias de financiamento da saúde disponíveis no ministério, tais como a partilha de custos, o financiamento dos doadores e o fundo de segurança social do governo central. O estudo também revelou que os inquiridos estavam envolvidos na formulação de estratégias de financiamento da saúde, ou seja, tomavam decisões sobre fundos para a melhoria das instalações a nível da faculdade, participavam em seminários sobre a formulação de estratégias, forneciam dados da secção de contabilidade e analisavam planos de negócios a nível da faculdade. A maioria dos entrevistados considerou que o Ministério tinha as competências necessárias para implementar os planos estratégicos de financiamento da saúde atualmente disponíveis no Quénia. Também foi sugerido que o pessoal precisava de ser formado primeiro para melhorar as suas competências e resolver o problema da falta de pessoal que se verifica atualmente na maioria dos hospitais. Isto inclui a aprendizagem de estratégias de financiamento bem sucedidas noutros países.

No que diz respeito aos desafios enfrentados na implementação das estratégias de financiamento dos cuidados de saúde públicos no Quénia, o estudo identificou a estrutura, o sistema e os procedimentos organizacionais, a cultura e as tradições, a tecnologia, a liderança, os recursos humanos e o financiamento como os principais desafios. Contudo, o quadro jurídico não constitui um desafio importante para a aplicação das estratégias de financiamento dos cuidados de saúde públicos no Quénia. O estudo concluiu que o Ministério adoptou medidas para controlar os principais desafios que se colocam à implementação das estratégias de financiamento dos cuidados de saúde públicos no Quénia. Por exemplo, desafios em matéria de recursos humanos (contratação de mais pessoal numa base ocasional ou permanente e reforço das capacidades através de formação), desafios em matéria de liderança (o Ministério estabeleceu contactos com doadores para formar membros do HMT e também realizou formação nacional de gestores em competências de liderança), sistema e procedimentos organizacionais (formação de gestores hospitalares, (formação de gestores hospitalares, criação de sistemas adequados e utilização de comités no processo de tomada de decisões) e cultura e tradição (o Ministério organizou uma reunião de formação centrada no serviço ao cliente, introduziu uma carta de serviços, empregou pessoas com as competências adequadas, iniciou a transferência de pessoal de um posto para outro e introduziu subvenções e o HSSF).

O Fundo Nacional de Seguro Hospitalar (NHIF) deve ser reforçado. Uma das preocupações da instituição é o facto de as partes interessadas considerarem que não tem capacidade para gerir uma base de clientes maior. Isto deve-se ao facto de as suas estruturas de base não serem sólidas. Não dispõe de pessoal adequado e, em geral, não tem sido suficientemente reactiva em relação à pequena base de clientes que tem a seu cargo. O impacto no financiamento público dos cuidados de saúde seria, por conseguinte, maior se as estruturas existentes fossem reforçadas e os seus sistemas e procedimentos revistos para se adaptarem ao mercado.

5.2 Conclusão

Ao concluir este estudo, é evidente que existem muitos estrangulamentos na aplicação das estratégias de financiamento dos cuidados de saúde públicos. Embora seja importante examinar a forma como estes desafios podem ser ultrapassados, é possível que o Quénia não tenha adotado a estratégia mais adequada para financiar os seus cuidados de saúde e que toda a estratégia deva ser reexaminada, tendo em conta factores económicos, tecnológicos e sociais.

5.3 Recomendações

Existem diferentes modelos adoptados por muitos países em todo o mundo. Alguns países, como os Estados Unidos, recorrem mais aos seguros de saúde pagos pelos seus cidadãos.

Noutros países, como a Alemanha, os cuidados de saúde são em grande parte financiados pelos impostos do Estado. Na Tanzânia, regista-se um aumento constante dos regimes comunitários de seguro de saúde, em que grupos se reúnem e criam o seu próprio seguro. O estudo de todos estes modelos mostra que não existe um método único de financiamento dos cuidados de saúde num país. Recomendo que a investigação futura examine as diferentes estratégias e a sua aplicação, com vista a determinar a melhor estratégia para financiar os cuidados de saúde no Quénia.

5.4 Implicações para a política, a teoria e a prática

Se o governo espera alcançar *a Visão 2030* e cumprir o seu mandato constitucional que define o acesso aos cuidados de saúde como um direito humano, recomendo que o governo preste mais atenção à formação de especialistas em finanças da saúde. Estes poderiam, por sua vez, começar a formar formadores para que as informações contidas no sítio possam ser divulgadas. A saúde custa dinheiro e a única forma de ter uma nação saudável e ativa é angariar mais dinheiro. Além disso, a formação permitiria ao governo ir além dos poucos mecanismos de financiamento dos cuidados de saúde que existem atualmente no país. Vários países, como a Alemanha, a Dinamarca, a Grã-Bretanha e a Tanzânia, têm uma abordagem muito diferente do financiamento dos cuidados de saúde, a fim de garantir o acesso universal, tal como previsto pela Organização Mundial de Saúde e pela nossa Constituição.

5.5 Limites do estudo

A primeira limitação do estudo foi a distribuição geográfica das amostras. Estas estavam espalhadas por todo o país, o que dificultava o seu acompanhamento. Por conseguinte, dois dos dez hospitais de nível V não responderam. No entanto, os oito inquiridos são considerados uma boa taxa de resposta para permitir a análise e a conclusão deste trabalho. Em segundo lugar, todos os hospitais de nível V estão localizados nas principais cidades do Quénia. Embora a maioria das conclusões possa ser aplicada ao sistema de saúde como um todo, pode haver algumas variações na compreensão do conceito e dos desafios da implementação de estratégias de financiamento dos cuidados de saúde públicos nas unidades mais pequenas de dispensários (hospitais de nível II), centros de saúde (hospitais de nível III) e mesmo hospitais de nível IV. Por fim, a maioria dos entrevistados eram superintendentes médicos, que, como médicos e gestores de unidades, dedicam muito tempo ao trabalho clínico e às questões políticas da sede, como funcionários públicos responsáveis pela articulação das políticas do Ministério nos principais hospitais do país. Por isso, foi difícil conseguir que eles dedicassem parte do seu tempo para responder à entrevista.

REFERÊNCIAS

Alexander, L.D (1985): Longrange planning. *Successful implementation of strategic decisions,* 18(3)

Ansoff, H. e McDonnell E. (1990): Prenctice Hall, Cambridge UK. *Implementing Strategic Management,* 2(nd)) edição.

Aosa, E. (1992): Dissertação de doutoramento não publicada. *Uma investigação empírica de aspectos da formulação e implementação de estratégias em grandes empresas privadas de produção no Quénia.* Universidade de Nairobi.

Chandler, A. Jr (1962): *Strategy and Structure: Chapters in the History of the American Industrial Firm.* I.T.

David F.R (2003): Prentice Hall International Inc, *Conceitos de Gestão Estratégica,* 9ª edição.

Delloite & Touche (2003): *Planeamento empresarial e implementação da estratégia* Extrato de http://www.deloitte.com

John, A. P 11, Robinson B (2002): A. I. T. B. S Índia. *Gestão estratégica; formulação e implementação de estratégias.*

Johnson, G. e Scholes, K. (1991): Prentice Hall Europe. *Exploring corporate strategy.*

Kiprotich, Juma (2008). A implementação da estratégia e os seus desafios: *um estudo de caso do Centro Africano de Braille,* Learning Organizations: Information Age. *Exploring Future Management Practice.*

Olali , G (2008) *Desafios à implementação de estratégias no banco cooperativo.*

Manyarkiy, T.J (2006) *Challenges facing middle level managers in implementation of corporate strategies at National social security fund.*

Miller, A. e Dess, G. G. (1996) : Newyork McGraw-Hill. *Gestão Estratégica,* 2((nd)) edição

Mintzberg, H. (1994): Basic books. *The rise and fall of strategic planning.*

Pearce J.A e Robinson R.B. (1997): Irwin McGraw-Hill. *Strategic Management*

Formulation, implementation and control, 6th Edition,

Steiner, George, (1979): *Strategic Planning.* Free Press.

Stuhl Michael J & Grisby, (1997): *Gestão estratégica; qualidade total e perspetiva global.*

Thompson e Strickland, (1989) : McGraw Hill. *Formulação e aplicação de estratégias.*

Wamai R. G (2009) *Kenya Health systems - Analysis of situation and enduring challenges (Sistemas de saúde do Quénia - Análise da situação e desafios persistentes).*

Organização Mundial de Saúde (2007) *Strengthening health systems to improve health outcomes.*

APÊNDICES

APÊNDICE I: GUIÃO DA ENTREVISTA

PARTE A

DADOS PESSOAIS/ORGANIZACIONAIS

1. Nome do inquirido (facultativo)..
2. Departamento ....
3. Cargo ocupado ....
4. Número de anos no cargo ....
5. Número total de anos no serviço...
6. Qual é o papel principal do departamento no Ministério? ....
7. Compreende o plano estratégico do Quénia para o financiamento da saúde pública?

Explicar sucintamente ....

....

....

8. Tem conhecimento das estratégias de financiamento da saúde disponíveis no Ministério?

....

....

....

9. Como é que participa na formulação das estratégias de financiamento da saúde?

....

....

....

10) Na sua opinião, o Ministério dispõe das competências necessárias para aplicar os planos estratégicos de financiamento da saúde?

....

....

11. o pessoal recebe formação objetiva e adequada para compreender o conceito de estratégias de financiamento dos cuidados de saúde?

....

....

....

12. O pessoal recebe formação objetiva e adequada para aplicar as estratégias?

Quem assegura a formação?...

PARTE B

DESAFIOS ENCONTRADOS NA APLICAÇÃO DA ESTRATÉGIA

A escala de likert indica em que medida o inquirido concorda com a afirmação.

1. Que desafios enfrenta o seu serviço na aplicação das estratégias de financiamento da saúde?

a) Estrutura

1) Como é que a estrutura do Ministério constituiu um desafio para a implementação das estratégias de financiamento da saúde?

....

....

....

2) Que desafios específicos colocou?

....

....

....

3) Como é que o Ministério tentou responder aos desafios da estrutura?

....

....

....

b) Sistema e procedimentos organizacionais

1) Os sistemas e procedimentos têm sido um desafio na implementação de estratégias de financiamento da saúde no Ministério?

....

....

....

2) Explicar sucintamente

....

....

....

3) Como é que o Ministério tentou ultrapassar as dificuldades

....

....

....

c) Cultura e tradições

1) Considera que a cultura organizacional constitui um obstáculo à implementação de estratégias de financiamento da saúde no Ministério?

....

....

....

2) Como é que isto foi um desafio?

....

....

....

3) Como é que o Ministério tentou responder a estes desafios?

....

....

....

d) Tecnologia

1) Houve desafios tecnológicos na aplicação da política de saúde? estratégias de financiamento?

....

....

....

2) Como é que isto foi um desafio?

....

....

....

3) Como é que o Ministério tentou responder a estes desafios?

....

....

....

e) Liderança

1) O Ministério enfrentou algum problema de liderança na implementação das estratégias de financiamento da saúde?

....

....

....

2) Como é que isto foi um desafio?

....

....

....

3) Como é que o Ministério tentou responder a estes desafios?

....
....
....

f) Recursos humanos

1) O Ministério deparou-se com problemas de recursos humanos na aplicação das estratégias de financiamento da saúde?

....

....

....

2) Como é que isto foi um desafio?

....

....

....

3) Como é que o Ministério tentou responder a estes desafios?

....

....

....

g) O quadro jurídico

1) Os quadros jurídicos dificultaram a aplicação das estratégias de financiamento da saúde?

....

....

....

2) Como é que isso constituiu um obstáculo?

....

....

....

3) Como é que o Ministério tentou responder a estes desafios?

....

....

....

h) Financiamento (recursos)

1) A aplicação das estratégias de financiamento da saúde foi afetada por limitações de financiamento?

....

....

....

2) Como é que isto foi um desafio?

....

....

....

3) Como é que o Ministério tentou responder a estes desafios?

....

....

....

MIX
Papier aus verantwortungsvollen Quellen
Paper from responsible sources
FSC® C105338

Printed by Books on Demand GmbH, Norderstedt / Germany